Schnelle Hühnchengerichte

KÖNEMANN

Grundlagen

Auswahl und Aufbewahrung von Geflügelfleisch sind genauso wichtig wie seine Zubereitung und garantieren eine leckere und gesunde Mahlzeit.

Es ist gar nicht so leicht, eine Mahlzeit aus frischen Zutaten in nur 30 Minuten servierfertig zuzubereiten, zumal gerade Hühnerfleisch große Sorgfalt verlangt. Mit den Anregungen und Tips, die Sie hier finden, gelingt es aber mühelos.

Filet vom Schenkel, ganzer Schenkel und Brustfilet.

Einkauf: Wählen Sie Hühnerfleisch, das zartrosa ist und nicht zu trocken aussieht. Achten Sie bei Tiefkühlware darauf, daß sie gut verpackt ist. Freiland- oder mit Getreide gefütterte Hühner sind in der Regel kleiner, doch es lohnt sich, sie zu kaufen, da sie meist auch besser schmecken.

Das Huhn sollte möglichst ganz unten auf Ihrem Einkaufszettel stehen, damit es nicht zu lange ungekühlt bleibt.

Aufbewahrung: Zu Hause nehmen Sie das Huhn aus der Plastikfolie, legen es auf einen Teller, schlagen es in Frischhaltefolie ein und stellen es in den Kühlschrank. So bleibt es saftig und frisch. Notieren Sie sich das Kaufdatum und verbrauchen Sie das Fleisch innerhalb von 2 Tagen nach dem Kauf.

Nehmen Sie gegrillte Hähnchen aus der Verpackung und lassen Sie sie vor dem Zerteilen kurz abkühlen. Bewahren Sie

Zerkleinern des Fleisches bei Grillhähnchen.

das Fleisch im Kühlschrank auf, wenn Sie es nicht gleich verbrauchen.

Frieren Sie das Fleisch in möglichst kleinen Portionen ein, so können Sie jeweils die gewünschte Menge auftauen. Huhn sollte auf einem Teller oder einer Platte im Kühlschrank aufgetaut werden. Rechnen Sie mit etwa 3 Stunden Auftauzeit pro 500 g.

Gefrorene Teile vom Huhn oder Filet können auch in der Mikrowelle aufgetaut werden, was jedoch für ganze Hühner nicht empfehlenswert ist, da sie ungleichmäßig auftauen. Huhn sollte keinesfalls wieder eingefroren werden und stets innerhalb von 12 Stunden nach dem Auftauen verarbeitet werden. Gekochtes Huhn kann bis zu 3 Tagen im Kühlschrank aufbewahrt werden.

Zubereitung: Brustfilet wird meist im ganzen ohne Haut und Knochen angeboten. Es läßt sich leicht in zwei Teile aufteilen. In den Rezepten aus diesem Buch werden einzelne Filets ohne die Filetspitze (Gewicht ca. 200 g) verwendet.

Brustfilet in zwei Teile schneiden.

Die Filetspitze befindet sich hinten am Brustfilet und kann leicht entfernt werden. Heben Sie sie auf und braten Sie sie später kurz an.

Schneiden Sie Fett und Sehnen vom Filet weg. Soll die Filetspitze mit verwendet werden, lösen Sie die feste weiße Haut vom oberen Teil

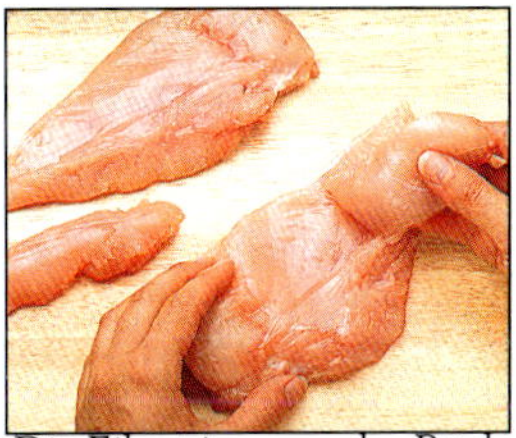

Die Filetspitze von der Rückseite des Filets entfernen.

ab, indem Sie das Filet oben festhalten und die Haut vorsichtig mit einem scharfen Messer abtrennen.

Ablösen der Haut von der Filetspitze.

Um die Garzeit zu verkürzen, kann man Brust- und Schenkelfilet in Frischhaltefolie legen und flach klopfen oder es mit einem scharfen Messer einkerben.

Damit Hähnchenschenkel gleichmäßig

Filet in Frischhaltefolie flach klopfen.

garen, schneidet man sie oben mehrfach tief ein. Um zu prüfen, ob das Huhn gar ist, sticht man mit einem Spieß in die dicksten Stellen des Fleisches. Wenn klarer Saft austritt, ist es gar. Läßt man die Filetspitze am Brustfilet, verlängert sich eventuell die im Rezept angegebene Garzeit.

Zubereitung von Hühnerbrühe: Statt gegrillte oder gebratene Hühnerreste wegzuwerfen, kann man sie zur Herstellung von Brühe verwenden. Dazu die Reste mit einem *bouquet garni* sowie 2 gehackten Zwiebeln, 2 grob zerkleinerten Karotten und 2 Selleriestangen mit Blättern in einen großen Topf geben. Mit drei Litern Wasser zum Kochen bringen und 3 Stunden leicht köcheln lassen. Den dabei eventuell entstehenden Schaum mit einer Schaumkelle abschöpfen.

Die Brühe durch ein feinmaschiges Sieb geben und in einen Gefrierbeutel gießen. Um die Menge vor dem Einfrieren genau zu

Brühe durch ein Sieb geben und Flüssigkeit auffangen.

bestimmen, den Gefrierbeutel in einen Meßbecher geben und so einfrieren.

Sobald die Brühe gefroren ist, den Beutel aus dem Becher nehmen, gut verschließen und in das Gefrierfach zurücklegen. Alternativ kann man die Brühe auch in Eiswürfelbehälter geben und so einfrieren.

Brühe in Eiswürfelbehälter gießen und einfrieren.

Schnelle Hühnchengerichte

Wenn Sie Lust auf Hähnchen haben, aber nicht auf Fertiggerichte, versuchen Sie eins dieser leckeren, rasch zubereiteten Rezepte.

Hähnchenbrust mit Paranußbutter

Zubereitungszeit: 30 Min.
Für 4 Personen

80 g Paranüsse, geröstet
1 frische rote Chilischote, entkernt und feingehackt
90 g weiche Butter
2 EL frisches Basilikum, feingehackt
4 Hähnchenbrustfilets
1 EL frisch gepreßter Zitronensaft
2 EL Olivenöl

1 Nüsse, Chili und Butter in der Küchenmaschine oder mit dem Mixer vermengen. In eine Schüssel geben und das Basilikum einrühren. Abgedeckt bis kurz vor dem Servieren in den Kühlschrank stellen.
2 Das Filet 3–4 mal von oben aus schräg einschneiden, so daß tiefe Kerben entstehen. In ein Gefäß geben und mit dem Zitronensaft und 1 EL Öl bestreichen.
3 Das restliche Öl in einer gußeisernen Pfanne erhitzen, die Filets hineingeben und 3–4 Minuten von jeder Seite braten. Dabei nur einmal wenden. Während des Bratens mehrmals mit der Marinade bestreichen. Jedes Filet in 3–4 Stücke schneiden.
4 Die Filetstücke mit Couscous und einem Löffel Paranußbutter servieren.

TIP
Um den Geschmack von Couscous zu verfeinern, 2 TL feingehackte Petersilie, 2 TL geriebene Zitronenschale und 20 g Butter kurz vor dem Servieren unterrühren. Mit Salz und Pfeffer kräftig abschmecken.

Hähnchenbrust mit Paranußbutter

.tefferhähnchen mit Gemüse

Zubereitungszeit:
30 Minuten
Für 4 Personen

5 Hähnchenschenkelfilets (600 g)
1/2 TL grüne Pfefferkörner
2 EL Öl
20 g Butter
2 Knoblauchzehen, gehackt
1 große Karotte, gehackt
2 Selleriestangen, in Scheiben geschnitten
3 EL Weißwein
2 EL Sahne
2 Lorbeerblätter

1 Das Fleisch grob würfeln, die Pfefferkörner mit einem Löffel zerdrücken und beiseite stellen. Das Öl und die Butter in einer großen Pfanne erhitzen. Huhn und Knoblauch darin bei starker Hitze portionsweise jeweils 3 Minuten braten, bis das Fleisch braun wird.
2 Die Temperatur verringern, und die Karotte und den Sellerie zugeben. Gut umrühren, abdecken und 3 Minuten garen. Wein, Sahne, Pfefferkörner und Lorbeerblätter hinzufügen. Abgedeckt weitere 5 Minuten kochen lassen. Mit Salz und Pfeffer abschmecken.

TIP
Grüne Pfefferkörner bekommt man in Dosen oder Gläsern in Supermärkten oder in Delikatessenläden.

Huhn mit Garnelen

Zubereitungszeit:
30 Minuten
Für 4–6 Personen

2 EL Öl
2 TL frisch geriebener Ingwer
2 Knoblauchzehen, zerdrückt
8 Frühlingszwiebeln, in Ringe geschnitten
8 Hähnchenfiletspitzen, in Scheiben geschnitten
2–3 EL milde Currypaste
750 ml heiße Hühnerbrühe
375 ml Kokosmilch
12 kleine rohe Garnelen, ohne Schale
150 g chinesische Reis-Glasnudeln
100 g Bohnenkeimlinge
50 g Zuckererbsen, halbiert
20 g frisch gehackte Minze
20 g frisch gehackter Koriander

1 Das Öl im Wok erhitzen. Ingwer, Knoblauch und Frühlingszwiebeln zugeben. 1 Minute unter Rühren anbraten. Die Filetspitzen in den Wok geben und nochmals 2–3 Minuten unter Rühren anbraten, bis sie fast gar sind. Currypaste einrühren, bis das Fleisch gut bedeckt ist.
2 Die heiße Hühnerbrühe zugeben, und die Kokosmilch einrühren. Langsam zum Kochen bringen, dann die Temperatur verringern und 3 Minuten köcheln lassen. Die Garnelen zugeben und weitere 3 Minuten köcheln lassen.
3 Nudeln in eine feuerfeste Schüssel geben und mit kochendem Wasser übergießen, so daß sie mit Wasser bedeckt sind. 5 Minuten ziehen lassen, bis die Nudeln weich sind. Dann abgießen und auf große, vorgewärmte Servierschalen verteilen.
Die Bohnenkeimlinge und Zuckererbsen zugeben, dann die heiße Garnelenmischung darüber verteilen.
Vor dem Servieren mit Minze und Koriander bestreuen.

TIP
Erdnußöl ist für die asiatische Küche besonders gut geeignet, weil es höhere Temperaturen verträgt als Oliven- oder Pflanzenöl.

Pfefferhähnchen mit Gemüse (oben) und Huhn mit Garnelen

Pochiertes Huhn mit Ricottafleischklößchen

Zubereitungszeit:
30 Minuten
Für 4 Personen

350 g feines Hühnerhack
100 g frischer Ricotta
35 g schwarze Oliven, gehackt
2 TL abgeriebene Zitronenschale
2 TL frisch gehackter Oregano
375 ml Pastasauce aus der Dose
250 ml Hühnerbrühe
1 TL brauner Zucker
2 TL Stärke

1 Das Hack, den Ricotta, die Oliven, die Zitronenschale und den Oregano in einer Schüssel mischen. Mit Salz und Pfeffer würzen. Die Zutaten mit den Händen ungefähr 2 Minuten kneten, bis alles gründlich vermischt ist. Mit angefeuchteten Händen rasch zu kleinen, etwa walnußgroßen Klößchen verarbeiten.
2 Die Pastasauce mit der Brühe und dem Zucker in einer großen Pfanne erhitzen. Die Fleischklößchen zugeben und langsam und vorsichtig zum Kochen bringen. Alles ca. 6 Minuten leicht köcheln lassen. Dabei sollten die Klößchen mehrmals gewendet werden, bis sie fest werden.
3 Die Sauce mit Salz und Pfeffer abschmecken. Die Stärke mit 1 EL Wasser mischen und unter die Sauce rühren. Alles zum Kochen bringen und so lange rühren, bis die Sauce kocht und eindickt. Anschließend die Sauce über die Klößchen schöpfen und alles sofort servieren.

Huhn auf thailändische Art mit Koriander-Mango-Salsa

Zubereitungszeit:
30 Minuten
Für 4–6 Personen

2 EL Öl
1 frische rote Chilischote, feingehackt
1 EL Zitronengras, gehackt
1 TL frisch geriebener Ingwer
500 g Hühnerfiletspitzen, in Scheiben geschnitten
1 EL einfache Sojasauce
2 EL Fischsauce
1/2 TL geriebener Palmzucker oder brauner Zucker
60 ml Limonensaft
150 g frische Hokkien-Nudeln

Koriander-Mango-Salsa
1 kleine Zwiebel, feingehackt
1 EL frisch gehackter Koriander
100 g Mango, feingewürfelt
2 EL Rotweinessig

1 Das Öl in einer Pfanne erhitzen. Chili, Zitronengras und Ingwer hineingeben und bei mittlerer Hitze 2 Minuten anbraten.
2 Das Huhn zugeben und ca. 3 Minuten in der Pfanne bräunen. Soja- und Fischsauce, Zucker und Limonensaft zugeben. 5 Minuten köcheln lassen, bis alles gut erhitzt und das Huhn gar ist.
3 Währenddessen die Nudeln in einem großen Topf mit kochendem Wasser *al dente* garen. Abgießen, in die Pfanne geben und gut verrühren. Nudeln mit der Koriander-Mango-Salsa servieren.
4 Für die Koriander-Mango-Salsa: Alle Zutaten in einer Schüssel vermengen. Anschließend die Koriander-Mango-Salsa gründlich verrühren.

Pochiertes Huhn mit Ricottafleischklößchen (oben) und Huhn auf thailändische Art mit Koriander-Mango-Salsa

…at mit geräuchertem Huhn und japanischem Dressing

3 geräucherte Hähnchenbrustfilets in dünne Scheiben schneiden. Eine kleine Salatgurke, eine Karotte und eine Selleriestange in Stifte schneiden. Die Karotte und den Sellerie eine Minute in kochendem Wasser blanchieren, dann in kaltes Wasser geben und abgießen. Hähnchen, Gurke, Karotte und Sellerie mischen. 4 in Scheiben geschnittene Shiitake-Pilze, 25 g gehackten Koriander und 3 EL japanischen eingelegten Ingwer darunter mischen.

Für das japanische Dressing: 2 EL Öl, 80 ml Mirin (japanischer Reiswein), 1 EL Meerrettichsahne, 2 TL einfache Sojasauce, und 1/2 TL Sesamöl in einer Pfanne leicht erwärmen. Kräftig umrühren, damit alles gut gemischt wird. Dann das Dressing über den Salat geben und mit 2 EL gerösteten Sesamkörnern bestreuen.

Zubereitungszeit:
30 Minuten
Für 6 Personen

Hähnchenschnitzel mit Essig

4 Hähnchenbrustfilets waagerecht halbieren, in Frischhaltefolie einschlagen und mit einem Fleischklopfer oder Nudelholz vorsichtig flach klopfen. Danach mit gewürztem Mehl (Mehl mit etwas Salz und Pfeffer) bestreuen, überschüssiges Mehl abklopfen. 25 g Butter in einer großen gußeisernen Pfanne erhitzen. Die Hälfte der Schnitzel hineingeben, so daß sie nicht übereinander liegen und 2 Minuten von jeder

Seite braten. Dann auf einen Teller geben und warm stellen. Den Vorgang mit dem restlichen Fleisch und der zusätzlichen Butter wiederholen. Alle Schnitzel wieder in die Pfanne geben und 80 ml Balsamico-Essig zugeben. 2 EL gehackte frische Petersilie darüber streuen und servieren.
Zubereitungszeit:
20 Minuten
Für 4 Personen

Huhn mit Pestonudeln

250 g Spiralnudeln in einem großen Topf mit kochendem Wasser weichkochen und abgießen. Inzwischen Haut und Fleisch von einem Grillhähnchen ablösen und das Fleisch in mundgerechte Stücke zerteilen. In eine große Schüssel geben und 125 g geröstete, grobgehackte Walnüsse zugeben. 4 dicke Scheiben Schinkenspeck knusprig rösten, abkühlen lassen und grob zerkleinern. Den Speck, 250 g halbierte Cocktailtomaten und 60 g entsteinte und in Scheiben geschnittene schwarze Oliven zu dem Huhn und den Nüssen geben. Dann die Nudeln, 125 g Pesto-Fertigsauce und 30 g zerkleinertes frisches Basilikum zugeben. Gut mischen und mit geriebenem Parmesankäse servieren.
Zubereitungszeit:
30 Minuten
Für 4 Personen

Von links nach rechts: Salat mit geräuchertem Huhn und japanischem Dressing; Hähnchenschnitzel mit Essig; Huhn mit Pestonudeln

Burritos mit Hühnerfüllung

Zubereitungszeit:
30 Minuten
Für 4 Personen

Füllung
1 große Dose (840 g) Tomaten, grob zerkleinert
1 EL Olivenöl
2 Zwiebeln, in Ringe geschnitten
2 Knoblauchzehen, zerdrückt
1/2–1 TL Chilipulver
1/2 TL Kreuzkümmel
350 g gekochtes Hühnerfleisch, zerkleinert

8 Weizentortillas
130 g Salatblätter, zerkleinert
4 Tomaten, in Scheiben geschnitten
1 kleine rote Zwiebel, in dünne Ringe geschnitten
125 g geriebener Cheddarkäse

1 Für die Füllung: Den Ofen auf mittlere Temperatur (200 °C, Gasherd Stufe 6) vorheizen. Die Hälfte der Flüssigkeit von den Tomaten aus der Dose abgießen. Das Öl in einer großen Pfanne erhitzen und die Zwiebeln und den Knoblauch darin braten, bis sie weich werden. Chili, Kreuzkümmel und Tomaten zugeben und nach Geschmack würzen. 6 Minuten kochen lassen, bis ein Großteil der Flüssigkeit verdampft ist. Das Hühnerfleisch einrühren und alles in eine Schüssel geben. Abgedeckt warm stellen.
2 In der Zwischenzeit die Tortillas in Alufolie einwickeln und 10 Minuten im Ofen erwärmen. Die Hühnerfleischmischung in die Mitte der Burritos geben, Salat, Tomaten, Zwiebeln und Käse darüber verteilen und aufrollen. Wer die Burritos lieber selbst füllt, serviert die Zutaten in Schälchen, damit sich jeder selbst bedienen kann.

TIP
Entweder ein Grillhähnchen, Brathähnchenreste oder gekochtes Hähnchenbrustfilet verwenden. Die Tortillas müssen gut warm gestellt werden, weil sie sonst trocken und hart werden. Sobald die Burritos aufgerollt sind, in Servietten einrollen, damit sie saftig bleiben. Tortillas können auch in der Mikrowelle erwärmt werden. Auf höchster Stufe 1 Minute erhitzen, bis sie heiß sind und dampfen.
Variation: Etwas Avocadocreme zur Füllung geben und vor dem Aufrollen mit Tabasco beträufeln.

Huhn mit Mozzarella-Basilikum-Füllung

Zubereitungszeit:
25 Minuten
Für 4 Personen

4 Hähnchenbrustfilets
2 TL Dijon-Senf
4 Scheiben Mozzarella
4 große Blätter frisches Basilikum
Olivenöl
125 g Pesto

1 Das Filet zwischen 2 Blatt Frischhaltefolie legen und mit einem Nudelholz oder einem Fleischklopfer auf eine Breite von 2 cm bringen. Jedes Filetstück in der Mitte für die Füllung einschneiden und 1/4 TL Senf darin verteilen. In jede Öffnung eine Scheibe Mozzarella und ein großes Basilikumblatt stecken. Mit Zahnstochern befestigen.
2 Ein wenig Olivenöl in einer Pfanne erhitzen und das Fleisch darin bei mittlerer Hitze 4–6 Minuten von jeder Seite braten. Etwas Pestosauce darüber schöpfen und heiß servieren.

Burritos mit Hühnerfüllung (oben) und Huhn mit Mozzarella-Basilikum-Füllung

Salat mit Hähnchen und Blauschimmelkäsecroûtons

Zubereitungszeit:
30 Minuten
Für 4 Personen

1/2 Baguettestange
75 g Blauschimmelkäse (siehe TIP)
1 Ei, leicht verquirlt
1 gegrilltes Hähnchen
360 g Weintrauben, gewaschen
100 g Bohnensprossen
50 g Pecannüsse
185 g Mayonnaise
verschiedene Salatblätter, gewaschen

1 Die Baguettestange in 1 1/2 cm breite Scheiben schneiden, auf ein Backblech legen und im vorgeheizten Ofen goldgelb backen. Käse und Ei miteinander verquirlen und jede Brotscheibe damit bestreichen. Weitere 3–5 Minuten überbacken, bis die Scheiben goldgelb und knusprig sind. Jede Scheibe in 3–4 Croûtons schneiden.
2 Haut und Fleisch vom Grillhähnchen ablösen, zerkleinern und zusammen mit den Trauben, Sprossen, Nüssen und der Mayonnaise in eine Schüssel geben. Alles vorsichtig und gründlich vermischen.
3 Die Salatblätter auf eine große Platte legen, den Salat darauf verteilen und mit den warmen Croûtons garnieren.

TIP
Streichzarter Blauschimmelkäse eignet sich gut, weil er einen sehr feinen Geschmack hat. Falls es etwas kräftiger werden soll, verwenden Sie statt dessen Stilton.

Hähnchenspieße mit Chili-Obst-Salsa

Zubereitungszeit:
25 Minuten
Für 4 Personen

2 rote Paprika, in rechteckige Stücke geschnitten
4 Hähnchenbrustfilets, gewürfelt
4 Scheiben Schinkenspeck, in dicke Stücke geschnitten
Olivenöl

Chili-Obst-Salsa
1 Mango, entsteint und grobgewürfelt
125 g Naturjoghurt
Saft von 2 Limonen
feingeriebene Schale von 1 Limone
20 g frisch gehackter Koriander
1 Jalapeño-Pfefferschote, entkernt und gehackt

1 Den Grill vorheizen. Paprika-, Hähnchenfilet- und Schinkenspeckstücke auf 4 lange Metallspieße aufziehen und mit Olivenöl bestreichen. Dann das gesamte Grillgut unter den Grill legen und ca. 10 Minuten unter häufigem Wenden grillen, bis das Fleisch durchgebraten und rundum goldbraun ist. Heiß mit Chili-Obst-Salsa servieren.
2 Für die Salsa: Alle Zutaten in eine Schüssel geben, vermengen und bis zum Servieren im Kühlschrank aufbewahren.

TIP
Die Zutaten dürfen nicht zu dicht nebeneinander aufgespießt werden, da sonst das Hähnchen nicht richtig gar wird. Dieses Gericht ist auch zur Zubereitung auf dem offenen Grill geeignet. Heizen Sie dazu den Grillrost vor und bepinseln Sie ihn mit Öl.
Für die Salsa kann anstelle der Mango auch eine kleine Papaya verwendet werden. Richten Sie sich danach, welche Obstsorte Sie persönlich bevorzugen und welche gerade Saison hat.

Salat mit Hähnchen und Blauschimmelkäsecroûtons (oben) und Hähnchenspieße mit Chili-Obst-Salsa

Huhn in Tomaten-Basilikum-Sauce

6 Hähnchenschenkelfilets halbieren, eine rote Zwiebel in Ringe schneiden und 4 Schinkenspeckscheiben grob zerteilen. 1 EL Olivenöl in einer großen gußeisernen Pfanne erhitzen, die Hähnchenstücke hineingeben und bei mittlerer Hitze 4–5 Minuten braten. Beiseite stellen. Die Temperatur verringern und 1 EL Olivenöl zugeben. Die Zwiebel, den Speck und 2–3 zerdrückte Knoblauchzehen hineingeben und 5 Minuten braten, bis der Speck braun ist. 1 Dose (425 g) gehackte Tomaten zugeben. Jeweils 1/2 TL getrocknetes Basilikum und Oregano sowie 1 TL Zucker einrühren. Bei mittlerer Temperatur 4–5 Minuten etwas einkochen lassen. Das Fleisch zurück in die Pfanne geben und 10 Minuten kochen lassen. Dabei einmal wenden. 12 schwarze Oliven zugeben und mit 15 g frisch gehacktem Basilikum bestreuen.

Zubereitungszeit:
30 Minuten
Für 4 Personen

Hähnchenplätzchen auf thailändische Art

In einer Schüssel 500 g Hühnerhack, 1 Ei und 1 EL Speisestärke gut vermischen. 2 TL rote Currypaste, 2 feingehackte Frühlingszwiebeln, 60 g kleingeschnittene grüne Bohnen, 15 g frisch gehackten Koriander und 1 feingehackte rote Peperoni (je nach Geschmack) zugeben. Alles mit den Händen gut vermengen, dann mit angefeuchteten Händen kleine Bällchen daraus formen und zu Plätzchen

mit ca. 8 cm Durchmesser flachdrücken. In eine gußeiserne Pfanne so viel Öl geben, daß es ca. 1/2 cm hoch steht. Die Hähnchenplätzchen darin nacheinander 5 Minuten von jeder Seite fritieren. Darauf achten, daß das Öl nicht zu heiß wird, da die Plätzchen leicht verbrennen. Auf Küchentüchern abtropfen lassen. Mit süßer Chilisauce servieren.

Zubereitungszeit:
30 Minuten
Ergibt 12 Stück

Huhn mit Zitrone, Petersilie und Orecchiette

375 g Orecchiette (Muschelnudeln) in einem großen Topf mit kochendem Wasser weich kochen, danach abtropfen lassen. In der Zwischenzeit 1 EL Öl und 30 g Butter in einer großen gußeisernen Pfanne erhitzen. 4 Hähnchenbrustfilets darin 3 Minuten von jeder Seite braten, herausnehmen und beiseite stellen. 80 ml Zitronensaft, 20 g frisch gehackte Petersilie und 30 g Butter einrühren und das Filet zurück in die Pfanne geben. Bei schwacher Hitze 3–4 Minuten schmoren, bis das Fleisch gar ist, dabei einmal wenden. 2 Minuten vor Ende der Garzeit ein paar Zitronenscheiben zugeben und mit Salz und Pfeffer würzen. Die Nudeln auf vorgewärmte Teller verteilen, ein Filet und etwas Sauce darauf geben. Mit frischen Zitronenscheiben und gehackter Petersilie garnieren.

Zubereitungszeit:
30 Minuten
Für 4 Personen

Von links nach rechts: Huhn in Tomaten-Basilikum-Sauce; Hähnchenplätzchen auf thailändische Art; Huhn mit Zitrone, Petersilie und Orecchiette

Sesamhuhn mit kurzgebratenem Gemüse

Zubereitungszeit:
30 Minuten
Für 4 Personen

2 EL einfache Sojasauce
2 EL Sherry
1 EL frisch geriebener Ingwer
1–2 Knoblauchzehen, zerdrückt
1 TL brauner Zucker
2 TL Sesamöl
3 Hähnchenbrustfilets, in feine Scheiben geschnitten
6 Frühlingszwiebeln
1 rote Paprikaschote
1 Zucchini
1 kleine Karotte
1 Selleriestange
2 EL Öl
1 EL Sesamkörner, geröstet

1 Sojasauce, Sherry, Ingwer, Knoblauch, Zucker und 1 TL von dem Sesamöl in einer großen Schüssel mischen. Das Filet zugeben und beiseite stellen. Die Frühlingszwiebeln in Ringe schneiden, Paprika würfeln und Zucchini, Karotte und Sellerie in dünne Scheiben schneiden.
2 Das Fleisch abtropfen lassen und mit Küchenpapier trockentupfen. Die Marinade aufheben.
3 1 EL vom Öl und das restliche Sesamöl im Wok erhitzen, das Gemüse hineingeben und 2–3 Minuten unter Rühren anbraten. Aus dem Wok nehmen und beiseite stellen. Das restliche Öl im Wok erhitzen, das Fleisch hineingeben und 3–4 Minuten unter Rühren kurzbraten. Das Gemüse zusammen mit der Marinade zurück in den Wok geben und 2–3 Minuten unter ständigem Rühren braten. Mit Sesamkörnern bestreuen.

Huhn mit Prosciutto und Bohnenpüree

Zubereitungszeit:
30 Minuten
Für 4 Personen

4 Hähnchenbrustfilets
2 EL Olivenöl
1 EL frisch gepreßter Zitronensaft
1 EL frisch gehackter Rosmarin
4 Scheiben Prosciutto (italienischer Schinken)

Bohnenpüree
400 g Cannellini- oder weiße Bohnen, abgetropft
2 TL frisch gehackter Rosmarin
2 Knoblauchzehen, zerdrückt
2 EL Sahne

1 Das Hähnchenfilet an der Oberseite 3–4 mal diagonal einschneiden. In ein Gefäß geben und mit der Mischung aus Öl, Saft und Rosmarin bedecken. Beiseite stellen.
2 Für das Bohnenpüree: Die Bohnen mit Rosmarin und Knoblauch in der Küchenmaschine oder im Mixer 15 Minuten zerkleinern. Dann unter ständigem Rühren die Sahne zugeben und so lange bearbeiten, bis eine weiche Masse entstanden ist. In einen Topf füllen und vorsichtig erwärmen.
3 Etwas Öl in einer gußeisernen Pfanne erhitzen. Das Fleisch darin 3–4 Minuten von jeder Seite braten. 2–3 mal während des Bratens mit der Marinade bestreichen. Herausnehmen und um jedes Stück eine Scheibe Schinken wickeln. Zurück in die Pfanne geben und weitere 1–2 Minuten braten. Dabei einmal wenden. Mit dem warmen Bohnenpüree servieren.

Hinweis: Statt Cannellini-Bohnen können auch Kichererbsen aus der Dose mit etwas Zitronensaft verwendet werden.

Sesamhuhn mit kurzgebratenem Gemüse (oben) und Huhn mit Prosciutto und Bohnenpüree

Kräuterhuhn mit Tomaten-Kapern-Sambal

Zubereitungszeit:
30 Minuten
Für 4 Personen

16 Hühnerfiletspitzen
1 TL Paprika edelsüß, gemahlen
1 TL getrockneter Thymian
1 TL getrockneter Oregano
1 Prise Chilipulver
1/2 TL frisch gemahlener schwarzer Pfeffer
1 EL Olivenöl
1 EL frisch gepreßter Zitronensaft

Tomaten-Kapern-Sambal
4 große feste Tomaten, gehackt
1 EL kleine Kapern
1 kleine rote Zwiebel, feingehackt
1 Knoblauchzehe, zerdrückt
2 TL frischer Thymian, feingehackt
2 TL frischer Oregano, feingehackt
1/2 TL frisch gemahlener schwarzer Pfeffer

1 Die Filetspitzen in ein großes Gefäß legen. Den Paprika, den Thymian, den Oregano, das Chilipulver und den Pfeffer in einer kleinen Schüssel gründlich vermischen. Das Öl und den Saft einrühren. So entsteht eine Paste, mit der Sie das Fleisch bestreichen. Anschließend beiseite stellen.
2 Für das Tomaten-Kapern-Sambal: Alle Zutaten in einer Schüssel vermischen und beiseite stellen.
3 Etwas Öl in einer gußeisernen Pfanne erhitzen und das Filet hineingeben. 2–3 Minuten von jeder Seite braten, bis das Hühnerfleisch gar ist. Dabei nur einmal wenden. Mit Tomaten-Kapern-Sambal servieren.

Salat mit Huhn und Mango

Zubereitungszeit:
30 Minuten
Für 4 Personen

4 Hähnchenbrustfilets
2 TL Olivenöl
2 Selleriestangen, in Scheiben geschnitten
2 Zucchini, in Scheiben geschnitten
2 grüne Paprika, in Ringe geschnitten
1 kleine frische rote Chilischote, entkernt und gehackt
1 große Mango, gewürfelt
80 g ungesalzene Macadamianüsse, leicht geröstet und gehackt

Dressing
125 g Mayonnaise
1 TL Currypulver
185 g Naturjoghurt
1 TL einfache Sojasauce
1 EL Chutney

1 Den Backofen auf 210 °C (Gasherd Stufe 6–7) vorheizen. Die Hähnchenbrustfilets in nur einer Schicht auf den Boden einer feuerfesten Form legen und mit Öl einpinseln. Mit Alufolie bedecken und 15–20 Minuten backen, bis das Hähnchenfleisch gar ist. Zum Abkühlen beiseite stellen. Anschließend die Filets in mundgerechte Stücke schneiden und beiseite stellen.
2 Für das Dressing: Alle Zutaten in ein kleines Gefäß geben und gründlich vermischen. Beiseite stellen.
3 Sellerie, Zucchini, Paprika und Chili in einer großen Schüssel mischen. Das kleingeschnittene Hähnchenfleisch zugeben und alles gut vermischen. Das Dressing darüber geben und die Mangostücke vorsichtig unterheben, damit sie nicht zerfallen. Den Salat auf einer Servierplatte anrichten und vor dem Servieren mit den Macadamianüssen bestreuen.

Kräuterhuhn mit Tomaten-Kapern-Sambal (oben) und Salat mit Huhn und Mango

Souvlaki mit Huhn und Salat

Von einem gegrillten Hähnchen Haut und Fleisch ablösen. 100 g gemischten Blattsalat (mit Rucola) waschen und beiseite stellen. 4 kleine Tomaten in Spalten schneiden, 100 g Fetakäse würfeln. Tomaten, Fetakäse und 8 entkernte schwarze Oliven in eine Schüssel geben. Je 1 EL Olivenöl und Balsamico-Essig, reichlich frisch gemahlenen schwarzen Pfeffer und 1 TL getrockneten Oregano in einem schmalen hohen Gefäß verquirlen, über die Tomatenmischung geben und sachte verrühren. 1–2 zerdrückte Knoblauchzehen mit 125 g Mayonnaise in einer Schüssel verrühren und 4 große Fladenbrote damit bestreichen. Huhn und Salat darauf verteilen und etwas von der Tomatenmischung darüber geben. Fest aufrollen und mit Bindfaden zusammenbinden. Bis zum Servieren in Frischhaltefolie wickeln.

Zubereitungszeit:
30 Minuten
Ergibt 8 Stück

Hühnercremesuppe

Das Fleisch von einem gegrillten Hähnchen ablösen und abgedeckt kühl stellen. 60 g Butter in einer großen gußeisernen Pfanne erhitzen. 1 gehackte Zwiebel, je 1 feingehackte Selleriestange, Karotte und Pastinake hineingeben und bei schwacher Hitze 5 Minuten unter Rühren braten. 3 EL Mehl zugeben und unter Rühren weitere 2 Minuten braten. Nach und nach 1 Liter Hühner-

Von links nach rechts: Souvlaki mit Huhn und Salat; Hühnercremesuppe; Hühnerfleischspieße mit Honig

brühe zugießen und rühren, bis die Masse dick wird. Langsam zum Kochen bringen. 1–2 Minuten köcheln lassen, dann die Temperatur reduzieren und 10 Minuten auf mittlerer Stufe köcheln lassen, bis das Gemüse gar ist. Das Hühnerfleisch, 250 ml Sahne, 125 ml Milch und 20 g feingehackte Petersilie zugeben. Leicht erhitzen, aber nicht mehr kochen. Vor dem Servieren mit Salz und Pfeffer abschmecken.

Zubereitungszeit:
30 Minuten
Für 4–6 Personen

Hühnerfleischspieße mit Honig

4 Hähnchenbrustfilets in Stücke schneiden. 60 ml Olivenöl, 1–2 zerdrückte Knoblauchzehen, 2 TL frisch geriebenen Ingwer und je 2 EL Honig, Sojasauce und Pflaumensauce in einer Schüssel mischen. 2 Zucchini und 1 rote Paprika in Stücke schneiden. Das Fleisch, die Zucchini- und die Paprikastücke abwechselnd auf 8 Metallspieße stecken, auf ein Blech legen und mit der Marinade bestreichen.
Im vorgeheizten Backofen oder auf dem Grill 8 Minuten grillen, bis das Fleisch gar ist. Dabei die Spieße häufig wenden und mit der Marinade bestreichen.

Zubereitungszeit:
30 Minuten
Ergibt 8 Stück

TIP

Bei Verwendung von Holzspießen diese 30 Minuten in kaltes Wasser legen und abtropfen lassen, damit sie beim Grillen nicht verbrennen.

Salat mit grünen Bohnen und Hühnerfleisch

Zubereitungszeit:
15 Minuten
Für 4 Personen

Vinaigrette
125 ml Olivenöl
60 ml Rotweinessig
2 EL Senf mit ganzen Körnern
2 Frühlingszwiebeln, feingehackt
Salz und frisch gemahlener schwarzer Pfeffer nach Geschmack

750 g grüne Bohnen, ohne Stiel und Spitze (siehe Hinweis)
350 g gekochtes Huhn, gehäutet, ohne Knochen und zerteilt
1 Packung (250 g) Cocktailtomaten, halbiert
200 g Gruyère-Käse, gewürfelt

1 Für die Vinaigrette: Alle Zutaten in einer Bratpfanne mischen und bei schwacher Hitze erwärmen.
2 Die Bohnen in kochendem Wasser 4–6 Minuten blanchieren. Das Huhn in die Vinaigrette geben und vorsichtig erwärmen.
3 Bohnen abgießen und zusammen mit den Tomaten in die Pfanne geben. Vom Herd nehmen, den Gruyère-Käse einrühren und vorsichtig mischen.
Hinweis: Bei grünen Bohnen sollten Stiel und Spitze abgeschnitten werden. Gegrilltes Hähnchen, Brathähnchenreste oder Brustfilet verwenden.

Gefüllte Hähnchenschnitzel in Kräuterpanade

Zubereitungszeit:
30 Minuten
Für 4 Personen

4 Hähnchenbrustfilets
4 TL Senf mit ganzen Körnern
4 Scheiben Schweizer Käse
4 Scheiben geräucherter Schinken
Mehl zum Bestäuben
2 Eier, leicht verquirlt
100 g Paniermehl
1 TL geriebene Zitronenschale
2 EL frisch gehackte Petersilie
Öl zum Braten
Zitronenspalten zum Garnieren

1 Jedes Filetstück vorsichtig in der Mitte waagerecht aufschneiden, ohne es ganz durchzuschneiden. Aufklappen und eine Seite mit 1 TL Senf bestreichen. Je 1 Scheibe Käse und Schinken darauf legen. Darauf achten, daß nichts übersteht. Das Filet wieder zuklappen, und die Öffnung mit 2 Zahnstochern verschließen. Auf diese Weise jedes Filetstück füllen.
2 Mehl und verquirlte Eier in je 1 flaches Gefäß füllen. Paniermehl, Zitronenschale und Petersilie auf einem flachen Teller vermischen. Das Filet der Reihe nach in Mehl, Ei und Paniermehlmischung wenden.
3 So viel Öl in einer großen gußeisernen Pfanne erhitzen, daß es bis zur halben Höhe des Filets reicht. Das Fleisch hineingeben und 8 Minuten goldbraun braten. Dabei einmal wenden. Auf Küchenpapier abtropfen lassen, die Zahnstocher entfernen und mit Zitronenspalten servieren.

TIP
Jeweils eine Seite des Zahnstochers sichtbar herausstehen lassen, so daß man die Zahnstocher nach dem Braten leicht finden und entfernen kann.

Salat mit grünen Bohnen und Hühnerfleisch (oben) und Gefüllte Hähnchenschnitzel in Kräuterpanade

Scharf gewürzte Hähnchenflügel

Zubereitungszeit:
30 Minuten
Für 4 Personen

12 Hähnchenflügel, halbiert
2 EL Sesamöl
1–2 frische Chilischoten, entkernt und gehackt
2 EL Fenchelkörner
2 EL Sesamkörner
1 EL frisch geriebener Ingwer
3 Knoblauchzehen, zerdrückt
2 EL Sojasauce
60 ml trockener Sherry
90 g Honig

1 Mit einer Geflügelschere möglichst viel Fett von den Hähnchenflügeln abschneiden.
2 Das Öl in einer gußeisernen Pfanne erhitzen, und die Flügel darin 5 Minuten anbraten. Die gehackten Chilischoten, die Fenchel- und Sesamkörner, den Ingwer und den Knoblauch zugeben. 30 Sekunden anbraten, dann die restlichen Zutaten zugeben. Abdecken und den Herd auf niedrige Stufe stellen. 12–15 Minuten braten, bis die Flüssigkeit vollständig eingekocht ist. Dabei gelegentlich umrühren.
3 Fertig zubereitete Hähnchenflügel mit Nudeln oder Reis servieren.

Marokkanisches Huhn

Zubereitungszeit:
30 Minuten
Für 4–6 Personen

1 1/2 TL Kreuzkümmel
1 TL Zimt
1 1/2 TL Paprika
1 TL Koriander, gemahlen
1/4 TL Nelken, gemahlen
1/4 TL Cayennepfeffer (je nach Geschmack)
1 TL Ingwer, gemahlen
1/4 TL Safran, gemahlen
1 1/2 TL Meersalz
2 Knoblauchzehen, zerdrückt
2 EL frisch gepreßter Zitronensaft
1 EL Olivenöl
850 g Filet vom Hähnchenschenkel
2 EL Öl
250 ml Hühnerbrühe
250 g Instant-Couscous
40 g Butter
abgeriebene Schale von 1 Zitrone
30 g Sultaninen
2 EL Mandelsplitter

1 In einer Schüssel den Kreuzkümmel, den Zimt, den Paprika, den Koriander, die Nelken, den Cayennepfeffer, den Ingwer, den Safran, das Salz, den Knoblauch, den Saft und das Öl glattrühren, bis alles zu einer weichen Paste geworden ist.
2 Die Filetstücke damit einpinseln, beiseite stellen und mindestens 5 Minuten in einer Schüssel ruhen lassen.
3 Öl in einer Pfanne bei mittlerer Hitze erwärmen und das Fleisch mit dem dazugehörigen Saft 15–20 Minuten darin braten.
4 Während das Fleisch brät, die Brühe in einem Topf zum Kochen bringen. Dann das Couscous zugeben und abgedeckt beiseite stellen. Alles ca. 5 Minuten ruhen lassen, bis das Couscous die Brühe aufgenommen hat. Dann mit einer Gabel auflockern, damit die Couscouskörner nicht aneinander kleben. Die Butter einrühren, die abgeriebene Zitronenschale, die Sultaninen und die Mandeln zugeben. Alles gründlich vermischen. Das Couscous auf vorgewärmte Teller verteilen. Das Fleisch in Scheiben schneiden und auf dem Couscous anrichten. Die restliche Flüssigkeit aus der Pfanne darüber geben und sofort servieren.

Scharf gewürzte Hähnchenflügel (oben) und Marokkanisches Huhn

Huhn mit Gemüse in Pergament

Den Backofen auf mittlere Temperatur (190 °C, Gasherd Stufe 5) vorheizen. Je 75 g Pastinake, Karotte und grüne Bohnen in Stifte schneiden. 4 Quadrate (30 x 30 cm) aus Backpapier ausschneiden. Je ein Hähnchenbrustfilet in die Mitte legen und ein Viertel vom Gemüse darüber verteilen. Je einen kleinen Zweig Thymian, ein Stückchen Butter und einen TL Zitronensaft darüber geben. Alles mit Salz und Pfeffer würzen. Die Seiten des Backpapiers nach oben klappen und so falten, daß kleine Päckchen entstehen. Auf ein Backblech legen und 20 Minuten backen. Sofort servieren.

Zubereitungszeit:
30 Minuten
Für 4 Personen

Pikantes Hühnchen

6 Filets vom Hähnchenschenkel (ca. 500 g) in mundgerechte Stücke teilen und beiseite stellen. 2 EL Olivenöl in einer großen gußeisernen Pfanne erhitzen. 2 gehackte Knoblauchzehen zugeben und 30 Sekunden braten. Das Filet zugeben und unter häufigem Rühren 5 Minuten bei starker Hitze bräunen. 3 gewür-

Von links nach rechts: Huhn mit Gemüse in Pergament; Pikantes Hühnchen; Curryhuhn mit Kartoffel und Spinat

felte Tomaten, 1 TL getrocknetes Basilikum und je 2 EL kleine Kapern und Balsamico-Essig zugeben. Alles zum Kochen bringen; die Temperatur verringern und 8 Minuten ohne Deckel kochen lassen. 2 TL braunen Zucker einrühren und mit Salz und frisch gemahlenem schwarzen Pfeffer abschmecken.
Zubereitungszeit:
30 Minuten
Für 4 Personen

Curryhuhn mit Kartoffel und Spinat

250 g tiefgefrorenen Rahmspinat auftauen.
2 EL Öl in einer gußeisernen Pfanne erhitzen.
1 gehackte Zwiebel, 2 EL indische Currypaste und 1 große feingewürfelte Kartoffel hineingeben.
5 Minuten bei mittlerer Hitze unter Rühren anbraten, bis die Kartoffel langsam braun wird. 250 ml Hühnerbrühe zugießen und rasch zum Kochen bringen. 4 gehackte Hähnchenfilets vom Schenkel (ca. 350 g) und den Spinat zugeben. Die Temperatur verringern und abgedeckt 7 Minuten kochen lassen. Vor dem Servieren mit einer Prise Salz und 2 EL frischem Limonensaft würzen.
Zubereitungszeit:
30 Minuten
Für 4 Personen

Hinweis: Die Hälfte der Brühe evtl. durch Kokosmilch oder Sahne ersetzen.

Ingwerhuhn mit Pilzen

Zubereitungszeit:
30 Minuten
Für 4–6 Personen

2 EL Speisestärke
250 ml Hühnerbrühe
2 EL Sojasauce
2 EL frisch gepreßter Zitronensaft
2 EL Sesamöl
4 Hähnchenbrustfilets, in feine Streifen geschnitten
2 rote Paprika, entkernt und in schmale Streifen geschnitten
2 EL frisch geriebener Ingwer
50 g Bambussprossen, kleingeschnitten
150 g Mischpilze (Champignons, Shiitake- und Austernpilze, Pfifferlinge etc., ganz nach Geschmack), halbiert
2 EL frisch gehacktes Basilikum

1 Die Stärke in einem Viertel der Hühnerbrühe auflösen. Sojasauce, Zitronensaft und die restliche Brühe zugeben. Beiseite stellen.
2 Das Öl im Wok erhitzen. Hähnchen, Paprika, Ingwer, Bambussprossen und Pilze hineingeben und unter ständigem Rühren 4–6 Minuten braten, bis das Fleisch gar ist.
3 Die Flüssigkeit und das Basilikum einrühren und alles zum Kochen bringen, damit es dickflüssig wird. Mit Salz und Pfeffer würzen und mit Reis servieren.

Geflügelsalat mit Papaya und Ingwerdressing

Zubereitungszeit:
30 Minuten
Für 4 Personen

4 Hähnchenbrustfilets
1 EL Öl
1 EL einfache Sojasauce
1 TL Honig
1 rote Paprika, entkernt
2 kleine Zucchini
1 Selleriestange
3 Frühlingszwiebeln, in Ringe geschnitten
20 g frisch gehackte Korianderblätter
750 g Papaya
80 g geröstete ungesalzene Macadamianüsse, grobgehackt

Ingwerdressing
1 EL frisch geriebener Ingwer
3 EL Mirin (japanischer Reiswein)
3 EL Öl zusätzlich
1 EL einfache Sojasauce
2 TL Honig

1 Den Ofen auf gut 210 °C (Gasherd Stufe 6–7) vorheizen. Das Hähnchenfleisch in eine feuerfeste Form geben und mit der Mischung aus Öl, Sojasauce und Honig bedecken. Mit Alufolie abdecken und 15 Minuten backen, bis das Fleisch zart ist. Abkühlen lassen und in feine Streifen schneiden. Beiseite stellen.
2 In der Zwischenzeit Paprika, Zucchini und Sellerie in 5 cm lange dünne Streifen schneiden. Zusammen mit den Zwiebeln und dem Koriander in eine große Schüssel füllen. Das Hähnchen zugeben und alles gut mischen. Die Papaya in 2 cm große Würfel schneiden und vorsichtig unter den Salat heben.
3 Für das Ingwerdressing: Alle Zutaten in ein schmales, hohes Gefäß geben und miteinander verquirlen. Über den Salat geben und vorsichtig umrühren. Die Macadamianüsse darüber streuen und servieren.

Hinweis: Mirin ist ein süßer japanischer Reiswein mit niedrigem Alkoholgehalt, den Sie in asiatischen Lebensmittelmärkten bekommen.

Ingwerhuhn mit Pilzen (oben)
und Geflügelsalat mit Papaya und Ingwerdressing

Griechischer Geflügelsalat

Zubereitungszeit:
30 Minuten
Für 4 Personen

1 gegrilltes Hähnchen, ohne Haut und Knochen und zerteilt
1 Gurke, in feine Streifen geschnitten
150 g Fetakäse, gewürfelt
50 g Pinienkerne, geröstet
4 Tomaten, geachtelt
3 Frühlingszwiebeln, gehackt
60 g schwarze Oliven, entsteint
70 g gemischter Blattsalat

Dressing
175 ml Olivenöl
2 Knoblauchzehen, zerdrückt
3 EL Paste aus schwarzen Oliven
1 Eigelb

1 Hähnchen, Gurke, Fetakäse, Pinienkerne, Tomaten, Frühlingszwiebeln und Oliven in eine große Schüssel geben und gut mischen.
2 Für das Dressing: Alle Zutaten in einem schmalen, hohen Gefäß verquirlen. Über die Hähnchenmischung schöpfen und vorsichtig vermengen.
3 Die Salatblätter auf eine große Platte legen und den Salat darauf verteilen.

Süß-saures Huhn mit Bok-Choy-Kohl

Zubereitungszeit:
30 Minuten
Für 4 Personen

4 Bok-Choy-Kohlköpfe (oder frischer Spinat)
1 EL Öl
4 TL Sesamöl
2 Hähnchenbrustfilets, in breite Streifen geschnitten
2 kleine frische rote Chilischoten, entkernt und feingehackt
2 TL frisch geriebener Ingwer
6 Frühlingszwiebeln, in Ringe geschnitten
1 kleine rote Paprika, in schmale Streifen geschnitten
450 g Hokkien Nudeln
25 g frischer Koriander, gehackt
2 EL Kecap Manis (siehe Hinweis)

1 Den Bok-Choy-Kohl 2–3 Minuten in kaltes Wasser legen, dann abtropfen lassen. In einen Topf mit kochendem Wasser geben und 2 Minuten kochen lassen. Dann unter fließendem kalten Wasser abkühlen und wieder abtropfen lassen. Längs halbieren und beiseite stellen.
2 In einem großen Wok das Öl mit 1 TL von dem Sesamöl erhitzen. Das Hähnchenfleisch darin unter ständigem Rühren 3–4 Minuten bei starker Hitze braten. Beiseite stellen.
3 2 TL von dem Sesamöl im Wok erhitzen und Chili, Ingwer, Frühlingszwiebeln und Paprika zugeben. Bei starker Hitze unter ständigem Rühren 2–3 Minuten anbraten, bis das Gemüse weich ist. Beiseite stellen.
4 Das restliche Sesamöl im Wok erhitzen, und das Fenchelgemüse hineingeben. 1 Minute anbraten, beiseite stellen und warm halten. In der Zwischenzeit die Nudeln in einen großen Topf geben, mit kochendem Wasser übergießen und zur Seite stellen.
5 Hähnchenfleisch und Gemüse zurück in den Wok geben und erhitzen. Koriander und Kecap Manis zugeben. Weitere 2–3 Minuten anbraten.
6 Die Nudeln abgießen, die Hähnchenmischung darüber geben und mit dem Bok-Choy servieren.

Hinweis: Bok-Choy-Kohl ist in asiatischen Lebensmittelmärkten erhältlich. Kecap Manis ist eine süße Sojasauce.

Griechischer Geflügelsalat (oben) und Süß-saures Huhn mit Bok-Choy-Kohl

Scharfes Koriandeṛhuhn

Zubereitungszeit:
30 Minuten
Für 4 Personen

1 Strauß (90 g) frischer Koriander mit Wurzeln
2–3 Knoblauchzehen
2–3 kleine frische rote Chilischoten
1 EL feiner Zucker
2 TL geriebene Limonenschale
3 EL Limonensaft
2 EL Kecap Manis (siehe Hinweis)
1 EL Öl, zusätzlich
2 TL Öl
4 Hähnchenbrustfilets
250 g dünne Reisnudeln
frisch gehackte Korianderblätter (einige zum Garnieren übrig behalten)
80 g ungesalzene Cashewkerne, geröstet und gehackt

1 Den Koriander waschen und trocken schütteln. Chili und Knoblauch in der Küchenmaschine oder im Mixer grob zerkleinern, dann den Koriander zugeben und weitere 15 Sekunden verarbeiten. Zucker, Limonenschale und -saft, Kecap Manis und 1 EL von dem Öl zugeben. So lange bearbeiten, bis eine weiche Masse entstanden ist.
2 Das Hähnchenfilet leicht einkerben. In eine Schüssel geben und mit ca. einem Viertel der Koriandermischung bedecken. 5 Minuten beiseite stellen.
3 Das zusätzliche Öl in einer gußeisernen Pfanne erhitzen. Das Filet darin 3 –4 Minuten von jeder Seite braten, dabei einmal wenden. Während des Bratens 2–3 mal mit der Marinade einstreichen. Jedes Filetstück in dicke Streifen schneiden.
4 In der Zwischenzeit die Nudeln in einem großen Topf mit kochendem Wasser 5 Minuten weich kochen. Abgießen, einen Großteil der restlichen Koriandermischung darüber gießen und gut vermischen. Die Nudeln auf 4 Teller verteilen. Jeweils Hähnchenstreifen und etwas von der restlichen Koriandermischung darauf geben. Mit dem gehackten Koriander und den Cashewkernen garnieren. Dazu paßt grüner Salat.

Hinweis: Kecap Manis ist eine süße Sojasauce.

Scharfes Koriandeṛhuhn (oben) und Geflügelwürstchen mit Curry

Geflügelwürstchen mit Curry

Zubereitungszeit:
30 Minuten
Für 4 Personen

10 Geflügelwürstchen
1 1/2 EL Öl
3 Zwiebeln, in Ringe geschnitten
2 Knoblauchzehen, zerdrückt
1–2 TL Currypulver
1 TL Paprika
1 TL Kurkuma
250 ml Hühnerbrühe
125 ml Apfelsaft
2 grüne Äpfel, ohne Kerngehäuse und grob zerkleinert
1 Batate (Süßkartoffel), feingewürfelt

1 Die Würstchen einstechen und 6 Minuten erwärmen. Abgießen und in dünne Scheiben schneiden.
2 Das Öl in einer großen gußeisernen Pfanne erhitzen. Zwiebeln und Knoblauch darin braten, bis sie weich sind. Currypulver, Paprika und Kurkuma zugeben. 30 Sekunden rühren, dann Brühe, Würstchen, Äpfel, Apfelsaft und Batate zugeben. Mit Salz und Pfeffer würzen. 10 Minuten ohne Deckel bei schwacher Hitze kochen lassen. Mit Reis servieren.

Hähnchen mit Parmesan und Knoblauchbutter

4 Hähnchenbrustfilets in dicke Streifen schneiden. Mit Mehl bestreuen, überschüssiges Mehl entfernen. 2 Eier miteinander verquirlen. In einer weiteren Schüssel 160 g Paniermehl mit 50 g geriebenem frischem Parmesankäse mischen. Die Hähnchenstücke einzeln zunächst in die Eimasse tauchen, dann in der Paniermehlmischung wenden, bis sie ganz damit bedeckt sind. Etwas Öl in einer Bratpfanne erhitzen. Die Hähnchenstücke darin portionsweise bei mittlerer Hitze 1–2 Minuten von jeder Seite braten. Auf Küchentüchern abtropfen lassen und warm stellen. 50 g Butter in einer Pfanne zerlassen, 4 zerdrückte Knoblauchzehen zugeben und 2–3 Minuten braten. 2 EL frisch gehackte Petersilie zugeben und nach Geschmack mit Salz und Pfeffer würzen. Mischung über die warmen Hähnchenstücke schöpfen.

Zubereitungszeit: 20 Minuten
Für 4 Personen

Hähnchenfilet mit Paprika und Chilisauce

2 rote Paprika in Streifen schneiden. 2 EL Olivenöl in einer gußeisernen Pfanne erhitzen. 1 TL getrocknete Chilistückchen und die Paprika hineingeben. Bei schwacher Hitze 10 Minuten braten. In der Zwischenzeit etwas Öl in einer weiteren Pfanne erhitzen, 4 Hähnchenbrustfilets zugeben und 2–3 Minu-

ten von jeder Seite bräunen. Dann die Temperatur verringern und 2 EL trockenen Weißwein zugeben. Abgedeckt 5 Minuten kochen lassen. 125 ml Sahne in die geschmorten Paprika rühren und mit Salz und Pfeffer würzen. Vor dem Servieren die Paprikasauce über die Filetstücke geben und mit frischen Oreganoblättern garnieren.

Zubereitungszeit:
30 Minuten
Für 4 Personen

Thailändisches Hähnchengeschnetzeltes

4 Hähnchenbrustfilets in dicke Streifen schneiden und in einer Schüssel mit 2 EL grüner Currypaste und 1 EL Öl mischen. Gut umrühren und 10 Minuten ruhen lassen. Etwas Öl in einer gußeisernen Pfanne erhitzen, und das Fleisch darin portionsweise ca. 2 Minuten von jeder Seite anbraten. 80 ml Kokosmilch und 2 EL Limonensaft darüber geben. Die Hähnchenstücke vor dem Servieren in der Sauce wenden. Um dem Gericht echt thailändischen Charakter zu verleihen, mit frischen Korianderblättern garnieren.

Zubereitungszeit:
30 Minuten
Für 4 Personen

Hinweis: Fertige Currypaste von guter Qualität bekommt man in Asialäden, Delikatessengeschäften und Supermärkten.

Von links nach rechts: Hähnchen mit Parmesan und Knoblauchbutter; Hähnchenfilet mit Paprika und Chilisauce; Thailändisches Hähnchengeschnetzeltes

Hühnersuppe mit Mais

Zubereitungszeit:
30 Minuten
Für 6–8 Personen

1 1/2 l Hühnerbrühe
2 TL Instant-Hühnerbrühe
1 Dose (440 g) Maiskörner, abgetropft
1 Dose (420 g) Maiscreme
8 Frühlingszwiebeln, feingehackt
1 EL frisch geriebener Ingwer
3 EL Speisestärke
2 Eiweiß
1 EL Sojasauce
350 g gegrilltes Hähnchen, in kleine Stücke zerteilt

1 In einem großen Topf die Hühnerbrühe, den Mais, drei Viertel von den gehackten Zwiebeln und den gesamten Ingwer mischen und langsam unter Rühren zum Kochen bringen. Alles 2 Minuten kochen lassen.
2 Die Stärke mit 3 EL Wasser in einer kleinen Schale verrühren, bis sich eine weiche Paste ergibt. Paste nach und nach in die Suppe einrühren und weiter rühren, bis die Suppe kocht und dickflüssig wird. 1–2 Minuten weiter köcheln lassen.
3 In einem schmalen, hohen Gefäß das Eiweiß mit 2 EL Wasser verquirlen. Dann langsam unter ständigem Rühren in die Suppe geben, damit sich alles gut verbindet. Nicht mehr kochen lassen.
4 Die Sojasauce und das Hähnchenfleisch zugeben. Alles miteinander verrühren und 2–3 Minuten köcheln lassen, bis das Fleisch gut erhitzt ist. Vor dem Servieren mit den restlichen Frühlingszwiebeln garnieren.

Gemischter Grillteller

Zubereitungszeit:
30 Minuten
Für 4 Personen

Dip
250 g Mayonnaise, gekühlt
2 Knoblauchzehen, zerdrückt
1 TL Zitronensaft,
2 TL frisch gehacktes Basilikum

Marinade
60 g Pesto
80 ml Olivenöl
Saft von 1 Zitrone
25 g frisch geriebener Parmesankäse
4 Hähnchenbrustfilets oder Filets vom Hähnchenschenkel, halbiert
2 kleine Auberginen, in Scheiben geschnitten
4 Zucchini, halbiert
2 rote Paprika, geviertelt
2 Maiskolben, geviertelt
2 Tomaten, halbiert

1 Für den Dip: Alle Dipzutaten in einer kleinen Schale verrühren und bis zum Servieren kühl stellen.
2 Für die Marinade: Alle Zutaten in einen Becher geben und kräftig schütteln, bis sich alles gut vermischt hat.
3 Den Grill vorheizen. Hähnchen und Gemüse mit der Marinade bestreichen. Hähnchenfleisch, Auberginen, Zucchini, Paprika und Mais auf den Grill legen. Die Tomaten beiseite stellen.
4 Sobald das Gemüse weich wird, die Tomaten auf den Grill legen (sie haben eine kürzere Garzeit). Wenn das Gemüse gar und das Hähnchen von allen Seiten goldbraun ist, Hähnchen und Gemüse vom Grill nehmen und heiß zusammen mit dem Dip servieren.

Hühnersuppe mit Mais (oben) und Gemischter Grillteller

Pizza mit Huhn und Käse

Zubereitungszeit: 30 Minuten
Für 4 Personen

Belag
175 g gegrilltes Hähnchen, zerteilt
125 g geriebener Cheddarkäse
1 TL Paprika
70 g Mango-Chutney
1 Eigelb
2 EL frisch gehackter Koriander

375 g Mehl
3/4 Päckchen Backpulver
1 TL Salz
60 g Butter
250 ml Milch

1 Den Backofen auf 220 °C (Gasherd Stufe 7) vorheizen.
2 Für den Belag: Die Belagzutaten in eine Schüssel geben, gut vermischen und beiseite stellen.
3 Das Mehl, das Backpulver, das Salz und die Butter in der Küchenmaschine oder mit dem Mixer verarbeiten, bis eine Masse entsteht, die in ihrer Konsistenz an grobe Semmelbrösel erinnert. Die Masse in eine Schüssel füllen. 185 ml Milch zugeben und vorsichtig vermengen. Falls nötig, die restliche Milch zugeben.
4 Den Teig auf einem leicht mit Mehl bestäubten Brett ausrollen und auf einem großen Pizzablech verteilen (bzw. eine Kugel auf einem Backblech zu einem runden Pizzaboden ausrollen). Die Hähnchenmischung darauf verteilen und 10–12 Minuten backen. In Achtel aufteilen und heiß servieren.

Hinweis: Wenn es noch schneller gehen soll, verwenden Sie eine Pizzateigmischung oder auch einen hochwertigen, fertig gebackenen Pizzaboden aus dem Supermarkt.

Mediterraner Geflügelsalat

Zubereitungszeit: 30 Minuten
Für 6–8 Personen

1 gegrilltes Hähnchen, in Stücke geschnitten
1 Dose (400 g) Artischockenherzen, abgetropft und geviertelt
6 Tomaten aus der Dose, geviertelt
1 kleine Fenchelknolle, in Scheiben geschnitten
1 kleine rote Zwiebel, in dünne Ringe geschnitten
1 Salatgurke, geschält und in dicke Scheiben geschnitten
12 schwarze Oliven
125 g Fetakäse, gewürfelt
3 hartgekochte Eier, gepellt und geviertelt
20 g frisch gehacktes Basilikum

Knoblauchsauce
125 ml Olivenöl
2 EL Weißweinessig
1–2 Knoblauchzehen, zerdrückt
1 TL Dijon-Senf
1/2 TL getrockneter Oregano
1/2 TL feiner Zucker

1 In einer großen Salatschüssel die Hähnchenstücke, die Artischocken, die Tomaten, den Fenchel, die Zwiebeln, die Gurke und die Oliven gut vermischen.
2 Für die Knoblauchsauce: Alle Zutaten für die Knoblauchsauce in einen Becher geben und kräftig schütteln, bis sich alles gut vermischt hat. Über die Hähnchenmischung schöpfen und gut unterheben.
3 Den Fetakäse, die Eier und das Basilikum in die Schüssel geben. Vorsichtig vermischen, damit die Eier und der Käse ihre Form behalten und nicht beschädigt werden. Eventuell die Eier erst kurz vor dem Servieren auf dem Salat verteilen.

Pizza mit Huhn und Käse (oben) und Mediterraner Geflügelsalat

Hähnchen-streifen mit Sesam und Aïoli

4 Hähnchenbrustfilets in breite Streifen schneiden. Etwas Mehl mit ein wenig Salz und Pfeffer mischen und auf einen Teller geben. Das Hähnchen darin wenden. 2 Eier verquirlen und die Hähnchenstreifen einzeln hineintauchen. 135 g Paniermehl mit 2 EL Sesamkörnern mischen und die Hähnchenstücke darin wenden. 2 EL Öl und 30 g Butter in einer großen Pfanne erhitzen. Die Hähnchenstreifen darin portionsweise 2–3 Minuten von jeder Seite braten. Währenddessen aus 125 g Mayonnaise, 2 EL feingehackter frischer Petersilie und 1–2 zerdrückten Knoblauchzehen Aïoli herstellen. Das Hähnchen mit Aïoli servieren und Salat als Beilage reichen.

Zubereitungszeit: 30 Minuten
Für 4 Personen

Hähnchen mit Bratäpfeln

2 grüne Äpfel schälen und die Kerngehäuse entfernen. In kleine Spalten schneiden. 3 Hähnchenbrustfilets in lange, dünne Streifen schneiden. 2 EL Öl in einer gußeisernen Pfanne erhitzen und das Hähnchen darin bei starker Hitze 4 Minuten goldbraun braten. Beiseite stellen. Danach 30 g Butter in der Pfanne erhitzen. Die Äpfel und 2 TL braunen Zucker hineingeben. Unter ständigem Rühren

5 Minuten braten, bis sich die Äpfel goldgelb färben. 2 EL Brandy zugeben und rühren, bis die Flüssigkeit verdampft ist. 300 ml Sahne und 2 TL Senf mit ganzen Körnern einrühren. Das Hähnchenfleisch zurück in die Pfanne geben und die Sauce zum Kochen bringen. Anschließend die Temperatur verringern und 3 Minuten auf mittlerer Stufe köcheln lassen. Kräftig mit Salz und Pfeffer würzen.

Zubereitungszeit:
30 Minuten
Für 4 Personen

Zitronenhuhn mit Oregano

Den Backofen auf 180 °C (Gasherd Stufe 4) vorheizen. 500 g Filetspitzen vom Huhn in eine große Auflaufform geben.
60 ml Olivenöl, 80 ml Zitronensaft und 2 EL frisch gehackten Oregano in einem schmalen, hohen Gefäß miteinander verrühren und mit Salz und frisch gemahlenem schwarzem Pfeffer abschmecken. Die Mischung über die Filetspitzen geben und so lange rühren, bis das Fleisch gut mit der Sauce bedeckt ist. 15–20 Minuten backen, bis das Fleisch weich und durchgebacken ist. Heiß servieren. Als Beilage Couscous oder Reis reichen.

Zubereitungszeit:
30 Minuten
Für 4 Personen

Von links nach rechts:
Hähnchenstreifen mit Sesam und Aïoli;
Hähnchen mit Bratäpfeln;
Zitronenhuhn mit Oregano

Geflügelsalat mit Ingwer

Zubereitungszeit:
30 Minuten
Für 4 Personen

4 Hähnchenbrustfilets
2 TL Öl
1 rote Paprika
1 grüne Paprika
1 gelbe Zucchini
6 Frühlingszwiebeln, in dünne Ringe geschnitten
20 g frisch gehackter Koriander
80 g geröstete Cashewkerne, grobgehackt

Ingwerdressing
4 EL Öl
1 1/2 EL Reisweinessig
1 EL Honig
1 EL frisch geriebener Ingwer
2 TL einfache Sojasauce

1 Den Ofen auf 210 °C (Gasherd Stufe 6–7) vorheizen. Die Hähnchenfilets in eine feuerfeste Form legen, so daß sie eine Lage bilden und leicht mit Öl einpinseln. Mit Alufolie bedecken und 15 Minuten backen, bis das Fleisch gar ist. Zum Abkühlen beiseite stellen.
2 In der Zwischenzeit Paprika und Zucchini in dünne Streifen schneiden und mit den Frühlingszwiebeln und dem Koriander in eine Schüssel geben. Alles vermengen und beiseite stellen. Dann das Ingwerdressing zubereiten.
3 Für das Ingwerdressing: Alle Zutaten in einem Becher kräftig schütteln, bis alles gut gemischt ist.
4 Das Hähnchenfilet diagonal in 5 cm lange Streifen schneiden und zu dem Gemüse geben. Vorsichtig das Dressing über den Salat geben, so daß alles gut bedeckt ist. Vor dem Servieren mit den Cashewkernen bestreuen.

Hähnchenbrust mit Pastetenfüllung

Zubereitungszeit:
30 Minuten
Für 4 Personen

4 Hähnchenbrustfilets (mit Haut)
4 EL Hähnchenleberpastete
60 g Butter
125 ml Sahne
1 TL Speisestärke
60 ml frisch gepreßter Zitronensaft
2 EL frisch gehackte Petersilie

1 Die Haut vom Hähnchenfilet leicht anheben, aber nicht ablösen. Zwischen die Haut und das Fleisch jeweils 1 EL Leberpastete geben. Mit Spießchen befestigen.
2 Die Butter in einer Pfanne erhitzen, und die Filets von beiden Seiten braun braten. Dann abgedeckt bei mittlerer Hitze weitere 12 Minuten braten, bis das Hähnchenfilet gar ist. In ein vorgewärmtes Gefäß geben und abgedeckt warm stellen.
3 Fast die gesamte Sahne in die Pfanne geben und mit der beim Braten entstandenen Flüssigkeit mischen. Dabei auch die Bratreste vom Rand der Pfanne einrühren. Die Stärke mit dem Zitronensaft und der restlichen Sahne in einer Tasse verrühren, bis eine weiche Masse entsteht. In die Pfanne geben und alles gut durchrühren. Die Petersilie zugeben und mit Salz und schwarzem Pfeffer würzen. Unter Rühren zum Kochen bringen und weiter rühren, bis die Sauce eindickt. Vor dem Servieren über das Fleisch geben.

TIP
Zur Abwechslung lassen sich auch Pasteten mit Grand Marnier oder schwarzen Pfefferkörnern verwenden.

Geflügelsalat mit Ingwer (oben) und Hähnchenbrust mit Pastetenfüllung

Huhn mit Tomaten-Couscous

Zubereitungszeit:
30 Minuten
Für 4 Personen

4 Hähnchenbrustfilets
2 EL Olivenöl
1 EL Zitronensaft
1 TL Oregano, getrocknet
300 g Hummus (Kichererbsenmus)

Tomaten-Couscous
250 g Instant-Couscous
250 ml heiße Hühnerbrühe
80 ml Zitronensaft
2 EL Olivenöl
4 Frühlingszwiebeln, feingehackt
8 Cocktailtomaten, in Viertel geschnitten
30 g frische Petersilie, feingehackt
25 g frischer Koriander, feingehackt

1 Hähnchenbrustfilets einkerben. In eine Schüssel legen und mit der Mischung aus Öl, Saft und Oregano übergießen. Beiseite stellen.
2 Für das Tomaten-Couscous: Couscous in einen großen Topf füllen und die heiße Brühe zugeben. Umrühren und beiseite stellen. In einem Gefäß den Saft mit dem Öl mischen, mit Salz und Pfeffer würzen und beiseite stellen.
3 Eine gußeiserne Pfanne erwärmen und das Hähnchen hineingeben. 2 Minuten von jeder Seite braten. Dann bei mittlerer Hitze 3–4 Minuten von jeder Seite braten, bis das Fleisch gar ist. Dabei häufig mit der Marinade bestreichen.
4 Frühlingszwiebeln, Tomaten, Petersilie und Koriander zum Couscous geben und das Dressing einrühren. Das Hähnchen auf dem Couscous servieren und mit einem großen Löffel Hummus bedecken.

Türkische Sandwiches

Zubereitungszeit:
30 Minuten
Für 4 Personen

2 EL Olivenöl
2 Knoblauchzehen, zerdrückt
1/2 TL Oregano, getrocknet
türkisches Fladenbrot (Pide), in 4 Stücke geteilt
4 lange dünne Auberginen
12 Filetspitzen vom Huhn
2 EL Pestosauce
125 g Mayonnaise
4 große sonnengetrocknete Paprika, abgetropft
2 große Tomaten, in Scheiben geschnitten
Käse zum Überbacken, in Scheiben geschnitten

1 Den Backofengrill vorheizen. Öl, Knoblauch und Oregano mischen. Die Fladenbrotstücke längs halbieren und mit der Ölmischung einpinseln. Von beiden Seiten gut bräunen.
2 Die Auberginen längs in Viertel schneiden (nicht ganz durchschneiden, sondern an der Stielseite zusammen lassen). Mit der Ölmischung einpinseln, auffächern und 3–4 Minuten grillen, bis sie durchgebacken sind. Dabei mehrfach wenden. Beiseite stellen.
3 Das Filet mit der Ölmischung einpinseln und 3–4 Minuten unter Wenden grillen, bis es gar ist.
4 Pesto und Mayonnaise mischen.
5 Auf die Unterseite von jedem Fladenbrot eine Aubergine, eine getrocknete Pfefferschote und drei Filetstückchen legen. Je 2–3 Tomatenscheiben und einige Käsescheiben darüber legen. Die Oberseiten des Fladenbrotes daneben legen und alles 1–2 Minuten unter dem Grill erwärmen, bis der Käse schmilzt. Mit der Pestomayonnaise servieren.

Huhn mit Tomaten-Couscous (oben) und Türkische Sandwiches

Pochiertes Huhn mit grüner Sauce

Zubereitungszeit:
30 Minuten
Für 6 Personen

6 Hähnchenbrustfilets
250 ml Weißwein
1 TL abgeriebene Zitronenschale
1 EL frisch gepreßter Zitronensaft
einige Pfefferkörner

Grüne Sauce
50 g frische Basilikumblätter
50 g frische Minzeblätter
2 EL Kapern
1 EL feiner Zucker
1 TL geriebene Zitronenschale
1 EL frisch gepreßter Zitronensaft
2 Knoblauchzehen, zerdrückt
1 Scheibe Weißbrot
3 Sardellenfilets, abgetropft (je nach Geschmack)
80 ml Olivenöl

1 Den Backofen auf 180 °C (Gasherd Stufe 4) vorheizen. Das Hähnchen in eine feuerfeste Form geben. Eine Mischung aus Wein, Zitronenschale, Saft und Pfefferkörnern darüber geben und 20 Minuten backen, bis das Fleisch weich ist. Dabei einmal wenden. Abgedeckt beiseite stellen.

2 Für die grüne Sauce: Alle Zutaten bis auf das Öl mit der Küchenmaschine oder dem Mixer zerkleinern, bis eine weiche Masse entsteht. Dann unter ständigem Rühren langsam das Öl zugeben. Die Sauce zum Hähnchen servieren.

Fettuccine mit Hähnchen und Pilzsauce

Zubereitungszeit:
30 Minuten
Für 4–6 Personen

10 g Porcini-Pilze
2 EL Olivenöl
2 Knoblauchzehen, zerdrückt
200 g junge Champignons, in Scheiben geschnitten
125 g Prosciutto (italienischer Schinken), in kleine Stücke geschnitten
375 g Fettuccine
60 ml Brandy
250 ml Sahne
1 gegrilltes Hähnchen, zerteilt
155 g Erbsen, tiefgefroren
20 g frisch gehackte Petersilie

1 Die Porcini-Pilze in einen Topf geben und mit kochendem Wasser übergießen, so daß sie damit bedeckt sind. 10 Minuten stehen lassen, dann abgießen, ausdrücken und hacken.
2 Das Öl in einer großen gußeisernen Pfanne erhitzen. Den Knoblauch hineingeben und 1 Minute auf unterer Stufe unter Rühren anbraten. Die Porcini-Pilze, die Champignons und den Schinken zugeben und bei geringer Hitze unter häufigem Rühren 5 Minuten braten.
3 In der Zwischenzeit die Nudeln in einem großen Topf mit kochendem Wasser *al dente* garen und abgießen.
4 Brandy und Sahne zur Pilzmischung geben. 2 Minuten unter ständigem Rühren auf unterer Stufe kochen. Das Hähnchenfleisch, die Erbsen und die Petersilie zugeben. Weitere 4–5 Minuten unter ständigem Rühren köcheln lassen, bis alles gut erhitzt ist. Die Hähnchenmischung zu den Nudeln geben und gut umrühren. Nach Wunsch mit frisch geriebenem Parmesankäse garnieren.

Hinweis: Falls keine Porcini-Pilze erhältlich sind, können Sie statt dessen auch 30 g chinesische Trockenpilze verwenden.

Pochiertes Huhn mit grüner Sauce (oben) und Fettuccine mit Hähnchen und Pilzsauce

Tandoori-Hähnchenspieße

4 Hähnchenbrustfilets oder Filets vom Schenkel in kleine Stücke schneiden. 250 g Naturjoghurt, 2–3 zerdrückte Knoblauchzehen, je 2 TL gemahlene Kurkuma und Kreuzkümmel, 1 TL gemahlenen Koriander und 1/2 TL Cayennepfeffer in einer Schüssel mischen. 1 Zwiebel achteln und abwechselnd mit den Hähnchenstücken auf Holz- oder Metallspieße stecken. Auf ein mit gefetteter Alufolie ausgelegtes Blech legen, mit reichlich Joghurtmarinade bestreichen und unter dem vorgeheizten Grill 8 Minuten grillen, bis das Fleisch gar ist. Dabei häufig wenden und mit der Marinade einstreichen.

Zubereitungszeit:
30 Minuten
Für 4 Personen

Huhn mit Blauschimmelkäse-Sahne-Sauce

4 Hähnchenbrustfilets in breite Streifen schneiden. 50 g Butter in einer gußeisernen Pfanne erhitzen und das Fleisch darin 5 Minuten unter regelmäßigem Rühren braten. Das Hähnchen in der Pfanne zur Seite schieben und 185 ml Sahne, 125 ml Hühnerbrühe und 100 g zerkleinerten Blauschimmelkäse zugeben. So lan-

Von links nach rechts: Tandoori-Hähnchenspieße; Huhn mit Blauschimmelkäse-Sahne-Sauce; Hähnchenfiletspitzen mit dreierlei Kräutern

ge rühren, bis der Käse geschmolzen ist. Zum Kochen bringen, dann die Temperatur verringern und 7 Minuten kochen lassen, bis das Fleisch zart ist. Dabei gelegentlich wenden. Mit Salz und Pfeffer würzen. (Vorher probieren, ob die Sauce nicht schon salzig genug schmeckt.) 2 EL frisch gehackte Petersilie einrühren. Mit Nudeln servieren.

Zubereitungszeit:
30 Minuten
Für 4 Personen

Hähnchenfiletspitzen mit dreierlei Kräutern

500 g Hähnchenfiletspitzen mit 2 EL Olivenöl und reichlich Salz und frisch gemahlenem Pfeffer in eine Schüssel geben. Eine gußeiserne Pfanne stark erhitzen und das Hähnchen darin portionsweise 1½–2 Minuten anbraten. Dabei die Stücke wenden, sobald sie braun werden. Herausnehmen und warm stellen. 3 EL frisch gehackte Petersilie, je 2 TL frisch gehackten Thymian und Oregano sowie 2 EL Zitronensaft zum Hähnchen geben. Umrühren und sofort servieren.

Zubereitungszeit:
30 Minuten
Für 4 Personen

Gebratene Champignons mit Hühnerleber

Zubereitungszeit:
25 Minuten
Für 4 Personen

400 g Hühnerleber
Mehl zum Bestäuben
1 EL Öl
50 g Butter
1 Zwiebel, in Ringe geschnitten
2 TL frischer (oder 1 TL getrockneter) Thymian
90 g Champignons, in Scheiben geschnitten

1 Die Leber waschen und Hautreste entfernen. In einer Schüssel mit Mehl wenden. Öl und Butter in einer gußeisernen Pfanne erhitzen. Die Leber darin braten, bis sie braun wird, dann aus der Pfanne nehmen und beiseite stellen.
2 Zwiebel und Thymian in die Pfanne geben und braten, bis sie weich werden. Die Champignons zugeben und 2 Minuten braten. Dann die Leber zurück in die Pfanne geben und so lange braten, bis sie gut erhitzt ist. Mit Salz und Pfeffer abschmecken.
3 Leber und Champignons auf Couscous servieren.

Hähnchen in Pitabrot mit Mango-Paprika-Salsa

Zubereitungszeit:
30 Minuten
Für 6 Personen

6 Hähnchenbrustfilets
2 EL frisch gepreßter Orangensaft
2 EL Limonensaft
1 EL frisch gehackter Koriander
1/2 TL Chilipulver
1/4 TL Cayennepfeffer
1 TL feiner Zucker
1 EL Öl, zusätzlich 2 TL Öl
6 große, dünne Pitabrotfladen
125 g saure Sahne
Römersalatblätter zum Servieren

Mango-Paprika-Salsa
2 Mangos, gewürfelt
1 rote Paprika, feingehackt
4 Frühlingszwiebeln, feingehackt
1 kleine frische rote Chilischote, gehackt (je nach Geschmack)
25 g frisch gehackter Koriander
1 TL geriebene Limonenschale
1 EL Limonensaft

1 Die Filets einkerben. Orangen- und Limonensaft, Koriander, Chilipulver, Cayennepfeffer, Zucker und 1 EL von dem Öl in einem großen Gefäß mischen. Das Hähnchenfilet hineingeben und sorgfältig mit der Marinade bedecken. Beiseite stellen.
2 Für die Mango-Paprika-Salsa: Alle Salsazutaten in einer großen Schüssel gründlich vermischen und beiseite stellen.
3 Das restliche Öl in einer gußeisernen Pfanne erhitzen. Das Hähnchen hineingeben und 3–4 Minuten von jeder Seite braten. Dabei einmal wenden. Während des Bratens mit der Marinade einpinseln. Jedes Filet längs in Streifen schneiden.
4 Die Brotfladen auf einer Seite mit 1 EL saurer Sahne bestreichen. Einige Salatblätter darauf legen, die Streifen von einem Filet und 4 EL Salsa darüber geben. Das Brot fest zusammenrollen. Mit den übrigen Broten ebenso verfahren. Mit der restlichen sauren Sahne garnieren und mit Mango-Paprika-Salsa servieren.

Gebratene Champignons mit Hühnerleber (oben) und Hähnchen in Pitabrot mit Mango-Paprika-Salsa

Marsala-Hähnchen mit Champignons

Zubereitungszeit:
30 Minuten
Für 4–6 Personen

4 Hähnchenbrustfilets
50 g Butter
375 g Champignons, in Viertel geschnitten
1 Zwiebel, in Scheiben geschnitten
250 ml Sahne
1–2 EL Marsala (italienischer Süßwein)

1 Das Fett vom Hähnchenfilet entfernen. Die Hälfte der Butter in einer großen Pfanne erhitzen und die Filets darin 2–3 Minuten von jeder Seite braun braten. Aus der Pfanne nehmen und abgedeckt warm stellen.
2 Die restliche Butter in die Pfanne geben und die Champignons und die Zwiebel darin braten, bis sie weich werden. Die Sahne einrühren und 5 Minuten köcheln lassen. Marsala zugeben, mit Salz und Pfeffer würzen und weitere 3 Minuten köcheln lassen. Das Hähnchen zurück in die Pfanne geben und kochen lassen, bis es gut erhitzt ist. Das Hähnchen vor dem Servieren in Streifen schneiden und die Sauce löffelweise darüber geben.

Hähnchenfilet mit Basilikum und Zitrone

Zubereitungszeit:
30 Minuten
Für 4 Personen

50 g frische Basilikumblätter
geriebene Zitronenschale von 1 Zitrone
60 g Pinienkerne, geröstet (siehe Hinweis)
2 Knoblauchzehen
60 ml Olivenöl
4 Hähnchenbrustfilets (mit Haut)
60 ml Pflanzenöl
125 ml Weißwein
125 ml Hühnerbrühe
Saft von 1 Zitrone
1/4 TL Meersalz
frisch gemahlener schwarzer Pfeffer nach Geschmack

1 Basilikum, Zitronenschale, Pinienkerne und Knoblauch in die Küchenmaschine geben und zu einer weichen Masse verarbeiten. Unter ständigem Rühren das Olivenöl langsam hineingießen, bis eine geschmeidige Paste entsteht.
2 Die Basilikummischung in vier Portionen aufteilen. Die Haut von jedem Hähnchenfilet anheben (jedoch nicht ablösen) und eine Portion von der Basilikummischung in den Zwischenraum zwischen Haut und Fleisch geben. Bei Bedarf mit einem kleinen Spieß oder Zahnstocher befestigen.
3 Das Pflanzenöl in einer gußeisernen Pfanne erhitzen und die Hähnchenfilets darin 2–3 Minuten von jeder Seite braten, bis sie gut braun sind.
4 Wein, Brühe und Zitronensaft über das Hähnchen geben und mit Meersalz und Pfeffer würzen. Bei sehr starker Hitze 15 Minuten abgedeckt schmoren lassen und gelegentlich wenden, bis das Fleisch gar ist.
5 Je nach Geschmack mit frisch gedämpftem Gemüse und auf Kartoffel- oder Batatenbrei servieren.

Hinweis: Pinienkerne in einer nicht haftenden Pfanne bei mittlerer Hitze rösten oder auf ein Backblech geben und unter dem Grill bräunen. Dabei stets im Auge behalten, weil die Kerne schnell braun werden.

Marsala-Hähnchen mit Champignons (oben) und Hähnchenfilet mit Basilikum und Zitrone

Brathähnchen mit Tomaten und Rosmarin

Den Ofen auf 180 °C (Gasherd Stufe 4) vorheizen. 4 Tomaten aus der Dose längs halbieren und in eine Auflaufform geben. 1 EL frisch gehackten Rosmarin, 8 ungeschälte Knoblauchzehen, je 60 ml Olivenöl und Balsamico-Essig, 2 EL Weißweinessig und etwas frisch gemahlenen schwarzen Pfeffer zugeben. 4 Hähnchenbrustfilets mit einem Zweig frischem Rosmarin belegen. In eine große Scheibe Prosciutto wickeln und mit einem Zahnstocher befestigen. Mit in die Auflaufform geben, so daß die Seite mit dem Rosmarinzweig oben ist. 20 Minuten backen. Die Zahnstocher entfernen und mit den Tomaten und dem beim Backen entstandenen Saft servieren. Den Knoblauch darüber pressen und mit grobgemahlenem schwarzem Pfeffer bestreuen. Frisch gehobelten Parmesankäse darüber geben.

Zubereitungszeit:
30 Minuten
Für 4 Personen

Huhn mit Spargel

4 Hähnchenbrustfilets dritteln. In Frischhaltefolie einwickeln und auf ca. 1 cm Breite klopfen. 25 g Butter und 1 EL Öl in einer großen Pfanne erhitzen. Das Hähnchen darin portionsweise bei mittlerer Hitze 2–3 Minuten von jeder Seite braten. Aus der Pfanne nehmen und warm stellen. 4 EL Zitronensaft in die Pfanne geben und 1 Minute köcheln lassen.

50 g Butter in kleinen Portionen einrühren, bis alles gut vermischt ist. Inzwischen 16 frische Spargelstangen dämpfen, kochen oder in der Mikrowelle garen, bis sie weich, aber dennoch bißfest sind. Zum Servieren den Spargel über den Hähnchenfilets anrichten, mit der Sauce beträufeln und mit frisch gehobeltem Parmesankäse bestreuen.
Zubereitungszeit:
30 Minuten
Für 4 Personen

Hühnersuppe mit Nudeln

2 Hähnchenbrustfilets fein würfeln, 90 g Champignons grob zerhacken. 2 EL Olivenöl in einem Topf erhitzen und 1 feingehackte Zwiebel darin weich und goldgelb braten. Hähnchen, Champignons, 180 g Suppennudeln und $1^{1}/_{2}$ Liter Hühnerbrühe zugeben. Zum Kochen bringen, die Temperatur verringern und 10 Minuten kochen lassen. 35 g frisch zerkleinerte Basilikumblätter einrühren. Mit $^{1}/_{2}$ TL Salz und frisch gemahlenem schwarzem Pfeffer würzen.
Zubereitungszeit:
30 Minuten
Für 4 Personen

Hinweis: Diese Suppe ist relativ dick. Wenn Sie für Ihren Geschmack dünnflüssiger werden soll, verwenden Sie einfach mehr Brühe.

Von links nach rechts: Brathähnchen mit Tomaten und Rosmarin; Huhn mit Spargel; Hühnersuppe mit Nudeln

Gebratenes Huhn mit Bohnen und Bambussprossen

Zubereitungszeit:
30 Minuten
Für 4 Personen

1 EL frisch geriebener Ingwer
1 Stück (5 cm) frisches Zitronengras, grob zerkleinert
1 Stück (5 cm) Limonenschale, grob zerkleinert
2–3 kleine frische rote Chilischoten, entkernt
1–2 Knoblauchzehen
2 EL Öl
8 Filetspitzen vom Huhn
250 g Bohnen, in kleine Stücke geschnitten
1 Dose (230 g) Bambussprossen, in Stücke geschnitten und abgetropft
140 ml Kokosnußcreme
20 g frisch gehackter Koriander

1 Den Ingwer, das Zitronengras, die Zitronenschale, die Chilischoten und den Knoblauch in die Küchenmaschine oder den Mixer geben und 15 Sekunden zerkleinern. Einen EL von dem Öl hineingeben und noch einmal kurz mischen. Die Filetspitzen längs in drei Teile schneiden. In eine Schüssel geben und mit den gemischten Zutaten aus der Küchenmaschine vermengen.
2 Das restliche Öl im Wok erhitzen. Das Fleisch hineingeben und bei starker Hitze 3–4 Minuten unter Rühren anbraten.
3 Bohnen und Bambussprossen zugeben und weitere 3 Minuten unter Rühren braten. Kokosnußcreme und Koriander zugeben und so lange braten, bis alles erhitzt ist. Sofort servieren.

Huhn mit Prosciutto und Paprikasalat

Zubereitungszeit:
30 Minuten
Für 4 Personen

4 Hähnchenbrustfilets
2 EL Olivenöl
2 TL Zitronensaft
80 g sonnengetrocknete Paprikaschoten, in Scheiben geschnitten
4 Scheiben (75 g) Prosciutto (italienischer Schinken), kleingeschnitten
50 g Pinienkerne, geröstet
20 g frisch gehacktes Basilikum
12 schwarze Oliven, entsteint

Dressing
60 ml Olivenöl
1 EL Balsamico-Essig
1 TL Dijon-Senf
1/2 TL feiner Zucker

1 Die Hähnchenbrustfilets einkerben und mit je 1 EL von dem Öl und dem Zitronensaft in ein Gefäß geben. Gut vermischen.
2 Die Paprikascheiben, den Prosciutto, die Pinienkerne, das Basilikum und die Oliven gründlich in einer Schüssel vermengen.
3 **Für das Dressing:** Alle Zutaten in einen Becher geben und kräftig schütteln, bis sie gut vermischt sind.
4 Das restliche Öl in einer gußeisernen Pfanne erhitzen und das Hähnchen darin 3–4 Minuten von jeder Seite braten. Das Fleisch während des Bratens häufig mit der Marinade einpinseln. Jedes Filet diagonal in Scheiben schneiden.
5 Die aufgeschnittenen Filets auf einer vorgewärmten Servierplatte anrichten, etwas von der Paprikamischung darüber geben und mit dem Dressing beträufeln. Anschließend heiß servieren.

Gebratenes Huhn mit Bohnen und Bambussprossen (oben) und Huhn mit Prosciutto und Paprikasalat

Hähnchenfilet mit Kartoffel-Bohnen-Salat

Zubereitungszeit:
25 Minuten
Für 4 Personen

500 g neue Kartoffeln, in Scheiben geschnitten
1 Knoblauchzehe, zerdrückt
80 ml natives Olivenöl
1 EL Weißweinessig
1 EL Mayonnaise
1 TL Dijon-Senf
1 Bund Rucola-Salat
200 g junge grüne Bohnen, ohne Stiel und Spitze und halbiert
200 g gelbe Bohnen, ohne Stiel und Spitze und halbiert
25 g Butter
2–3 (500 g) Hähnchenbrustfilets, in kleine Stücke geschnitten
2 Tomaten, gewürfelt
1 EL kleine Kapern

1 Die Kartoffeln in einem großen Topf mit kochendem Wasser garen, dann abgießen. Knoblauch, Öl, Essig, Mayonnaise und Senf in einer Schüssel mischen. Mit Salz und Pfeffer würzen und beiseite stellen.
2 In der Zwischenzeit den grünen Salat auf einem Teller anrichten.
3 Die Bohnen in einen großen Topf mit kochendem Wasser geben und 2 Minuten kochen. In Eiswasser abschrecken und abgießen. Die Butter in einer Pfanne erhitzen und das Hähnchen darin braten, bis es zart ist. Warm stellen.
4 Kartoffeln, Hähnchen, Bohnen und Tomaten mischen und auf den Salat geben. Vor dem Servieren mit dem Dressing übergießen und mit den Kapern bestreuen.

Hähnchen in Sahnesauce mit Blätterteigpasteten

Zubereitungszeit:
30 Minuten
Für 4 Personen

50 g Butter
2–3 Hähnchenbrustfilets (500 g Gesamtgewicht), in Stücke geschnitten
1 Porreestange, in feine Ringe geschnitten
1 EL Mehl
185 ml Hühnerbrühe
125 ml Sahne
65 g junge Champignons
1 Scheibe Blätterteig
1 TL Dijon-Senf

Hähnchenfilet mit Kartoffel-Bohnen-Salat (oben) und Hähnchen in Sahnesauce mit Blätterteigpasteten

1 Den Ofen auf 200 °C (Gasherd Stufe 6) vorheizen. Die Hälfte der Butter in einer großen Pfanne erhitzen. Das Hähnchenfilet hineingeben und braun braten. Beiseite stellen. Die restliche Butter erhitzen und den Porree zugeben. Rühren, bis er weich wird, dann abdecken und 5 Minuten dünsten.
2 Das Mehl einrühren und 1 Minute kochen. Vom Herd nehmen und die Brühe und Sahne einrühren. Das Hähnchenfilet zurück in die Pfanne geben und wieder auf den Herd stellen. Unter Rühren zum Kochen bringen, bis die Flüssigkeit andickt. Die Temperatur verringern und abgedeckt 10 Minuten köcheln lassen. Die Champignons in Scheiben schneiden und in die Pfanne geben. Weitere 5 Minuten kochen lassen.
3 Inzwischen mit einem Förmchen nach eigenem Geschmack aus dem Blätterteig Formen für die Pasteten ausstechen, auf ein Backblech geben und 12 Minuten im Ofen backen, bis sie aufgegangen und goldgelb sind.
4 Den Senf zum Hähnchen geben, nach Geschmack mit Meersalz und schwarzem Pfeffer würzen. Zusammen mit den Pasteten auf Tellern anrichten.

Hühnerleber mit Artischocken

Zubereitungszeit:
30 Minuten
Für 4 Personen

1 EL Olivenöl
25 g Butter
50 g Pancetta (oder ein anderer Schinkenspeck), in kleine Stücke geschnitten
5 Frühlingszwiebeln, in feine Ringe geschnitten
500 g Hühnerleber, gesäubert und in mundgerechte Stücke geschnitten
2 Knoblauchzehen, zerdrückt
1 TL Mehl
80 ml Wein
1 EL Balsamico-Essig
2 TL Dijon-Senf
5–6 Artischockenherzen aus der Dose, in Viertel geschnitten
3 EL frische Petersilie, feingehackt

1 Olivenöl und Butter in einer großen Pfanne erhitzen. Den Schinken hineingeben und bei mittlerer Hitze goldbraun braten. Die Zwiebeln zugeben und weich dünsten.
2 Die Temperatur erhöhen und Leber und Knoblauch zugeben. Ca. 4 Minuten braun braten. Das Mehl zugeben und weitere 20 Sekunden braten. Vom Herd nehmen und Wein, Essig, Senf, Artischocken und Petersilie einrühren.
3 Zurück auf den Herd stellen und unter Rühren zum Kochen bringen. Solange rühren, bis die Masse dickflüssig wird. Mit Salz und Pfeffer würzen. Dazu Nudeln oder Reis reichen.

Orientalisches Brathähnchen

Zubereitungszeit:
30 Minuten
Für 4 Personen

150 g chinesische Reis-Glasnudeln
4 chinesische Trockenpilze
1 gegrilltes Hähnchen
1 EL Sesamöl
150 g Spargel, in kurze Stücke geschnitten
100 g Zuckererbsen, geschnitten
100 g Bohnenkeimlinge
80 g ungesalzene Erdnüsse, geröstet
20 g frischer Koriander, gehackt

Sauce
80 ml frisch gepreßter Limonensaft
1 EL Öl
1 EL süße Chilisauce
1 EL brauner Zucker
1 EL frisch geriebener Ingwer
2 TL Fischsauce
1 TL Sesamöl

1 Die Nudeln in eine Schale geben und mit kochendem Wasser bedecken. 10 Minuten stehen lassen. Die Pilze ebenfalls in einer Schale mit kochendem Wasser übergießen und 10 Minuten ziehen lassen. Danach ausdrücken und fein hacken. Haut und Fleisch von dem gegrillten Hähnchen ablösen und die Knochen wegwerfen.
2 Die Nudeln abgießen und mit einer Schere kürzen.
3 Für die Sauce: Die Zutaten in einen Becher geben und kräftig schütteln, bis alles gut vermischt ist.
4 Das Sesamöl im Wok erhitzen. Die Pilze, den Spargel und die Erbsen zugeben. Alles 2 Minuten unter Rühren anbraten. Das Hähnchenfleisch, die Keimlinge, die Nüsse und den Koriander zugeben und 2–3 Minuten unter ständigem Rühren braten. Die Sauce und die Nudeln zugeben. Anschließend weitere 3–4 Minuten unter Rühren braten, bis alles gut erhitzt ist.
Heiß servieren.

Hühnerleber mit Artischocken (oben) und Orientalisches Brathähnchen

Register